WEISHEIT DER WELT

DIE STIMME DES
«LEBENDIGEN LICHTS»

Ich weiß, daß ich nur ein Mensch bin. Viele Weise sind schon durch erhaltene Wundergaben verwirrt worden. Sie taten manches Geheimnis kund, schrieben das aber in eitler Ruhmsucht sich selbst zu und sind so zu Fall gekommen. Die aber im Aufstieg ihrer Seele Weisheit aus Gott schöpften und sich selbst für nichts erachteten, die sind Säulen des Himmels geworden.

Was sollte werden, wenn ich Armselige mich nicht selbst erkennen würde? Gott wirkt, wo er will, zum Ruhme seines Namens und nicht eines Menschen. Ich zittere immer vor Furcht, denn ich weiß keine Zuversicht auf irgendwelche Möglichkeit in mir. Ich strecke meine Hände zu Gott aus, daß er mich halte, so wie eine Feder, frei von aller Schwere, vom Winde getragen fliegt. Was ich schaue, vermag ich nicht vollkommen zu erkennen, solange ich im Körper lebe und meine Seele noch unsichtbar ist. Denn in diesen beiden Dingen ist die Unvollkommenheit des Menschen begründet.

Von meiner Kindheit an, da meine Knochen, Nerven und Adern noch nicht gekräftigt waren, schaue ich diese Vision immer in meiner Seele bis auf den heutigen Tag, da ich mehr als siebzig Jahre alt bin. In dieser Vision steigt meine Seele, so wie Gott es will, hinauf in die Höhe des Firmaments und in verschiedene Luftschichten und breitet sich zwischen den verschiedenen Völkern aus, die in entlegenen Gegenden und Orten von mir entfernt sind. Und da ich dies auf solche Weise in meiner Seele schaue, so nehme ich es auch nach dem Wechsel der Wolken und anderer Geschöpfe wahr.

Nicht aber höre ich es mit den äußeren Ohren noch erkenne ich es in den Gedanken meines Herzens oder durch Mitwirkung meiner fünf Sinne, sondern ich schaue es nur in meiner Seele, mit offenen Augen, ohne jemals dabei eine Ekstase erlitten zu haben, wachend bei Tage und bei Nacht...

Die Gestalt dieses Lichtes vermag ich in keiner Weise zu erkennen, wie ich ja auch die Sonnenscheibe nicht vollkommen anblicken kann. In diesem Lichte sehe ich zuweilen, nicht häufig, noch ein anderes Licht, das mir als «das lebendige Licht» bezeichnet wird. Wann und in welcher Weise ich dieses sehe, das weiß ich nicht zu sagen. Aber solange ich es sehe, wird alle Traurigkeit und alle Angst von mir genommen, so daß ich dann wie ein einfältiges Mägdlein und nicht wie eine alte Frau bin. Aber wegen der ständigen Krankheit, an der ich leide, widerstrebt es mir, die Worte und Gesichte auszusprechen, die mir da gezeigt werden.

Wenn aber meine Seele jenes Licht sieht und genießt, dann werde ich, wie ich sagte, in eine solche Verfassung versetzt, daß ich allen Kummer und alles Leid vergesse. Und was ich dann in dieser Vision schaue und vernehme, das schöpft meine Seele wie aus einem Quell, der voll und unerschöpflich bleibt. Jenes Licht aber, das «der Schatten des lebendigen Lichtes» genannt wird, entbehrt meine Seele zu keiner Stunde. Ich sehe es, als schaute ich in einer lichten Wolke das Firmament ohne Sterne. Darin sehe ich das, was ich gewöhnlich rede und was ich antworte, wenn man mich nach dem Glanze jenes «lebendigen Lichtes» fragt.

Im 1141. Jahr, nachdem der Gottessohn Mensch geworden und als ich 42 Jahre und sieben Monate alt war, fuhr aus klarem Himmel gleich einem Blitz ein feuriges Licht auf mich herab. Es durchzuckte mein Gehirn und setzte mein Herz, meine ganze Brust in Flammen. Obwohl sie so heiß waren wie die wärmsten Strahlen der Sonne, verbrannten sie mich doch nicht, sondern vermittelten mir die Einsicht in die Auslegung der Heiligen Schrift.

Ich schreibe nichts anderes auf als das, was ich in meiner Seele gehört und geschaut habe, und ich vermag es nur in unbeholfenem Latein auszudrücken. Denn meine Visionen haben mich nicht gelehrt, wie die Philosophen zu schreiben, und mein Wort ist nicht mit dem zu vergleichen, das gewöhnlich aus des Menschen Mund kommt. Vielmehr ist es wie eine blitzende Flamme und wie eine Wolke, die in reiner Luft schwebt.

Ich habe meine Worte weder von mir selbst, noch habe ich sie von einem anderen Menschen übernommen. Sie kommen aus übernatürlicher Schau.
Ich hörte Gott zu mir sagen:
«Schreibe auf, was du siehst und hörst.»
Und ich antwortete aus dem Wissen, das ich dieser Schau verdanke:
«Herr, gib mir bitte die Kraft, daß ich die erfahrenen Geheimnisse verständlich vorzutragen vermag.»

VISIONEN UND GOTTESSCHAU

Ich sah einen großen Berg von der Farbe des Eisens. Auf ihm saß eine Gestalt von solchem Glanz, daß ihre Helligkeit mein Auge blendete. Von ihren beiden Seiten ging ein lichter Schatten aus, der sich wie wundersame, breite und lange Flügel ausdehnte. Am Fuße dieses Berges stand eine Gestalt, die überall voller Augen war, und vor dieser gewahrte ich eine dritte Gestalt, ein kindliches Wesen in farblosem Kleid und mit weißen Schuhen. Auf ihr Haupt fiel ein so glänzendes Licht, daß ich ihr Gesicht nicht erkennen konnte. Überdies waren beide Erscheinungen von einem glitzernden Funkenregen umhüllt, der von dem auf dem Berg Thronenden ausging. In dem Berg selbst sah ich zahlreiche Fenster, in denen bleiche Menschenköpfe erschienen.
Plötzlich rief die Gestalt mit gewaltiger, durchdringender Stimme:
«O du gebrechlicher Mensch, Staub vom Erdenstaube, verkünde das Nahen der endgültigen Erlösung, damit jene unterwiesen werden,

die das Wort der Heiligen Schrift zwar sehen können, aber doch nicht beherzigen wollen, weil sie lau und stumpf sind im Kampf für Gottes Gerechtigkeit. Öffne ihnen das Siegel der Geheimnisse, das sie auf verborgenem Acker furchtsam und fruchtlos vergraben haben. Breite dich wie ein übervoller Quell aus und ströme die mystische Lehre so überzeugend aus, daß besonders jene von solcher Ausgießung und Bewässerung erschüttert werden, die dich als Frau wegen Evas Fall für nicht beachtenswert halten. Denn du hast diese Lehre nicht von einem Menschen übertragen bekommen, sondern vom höchsten Richter aus der Höhe. Der aber, der allen Geschöpfen machtvoll und gütig gebietet, erfüllt diejenigen, die ihn achten und ihm dienen, mit der Klarheit übernatürlicher Erleuchtung und führt die auf dem Weg der Gerechtigkeit Ausharrenden zu den Freuden ewiger Schau.»
Der große eisenfarbene Berg versinnbildlicht die Kraft und Beständigkeit des Gottesreiches, das durch keinen Ansturm der Veränderungen auf Erden beeinträchtigt werden kann.
Die Gestalt auf dem Berg ist der Herr der Erde. Seine Göttlichkeit ist für den Menschen unbe-

greiflich, das Leuchten seiner Erhabenheit blendet das Auge. Doch die Flügel seines Schattens bieten den Lebenden Schutz gegen alle Anfechtungen und zeigen an, daß Gott ihnen gewogen ist und Gerechtigkeit widerfahren läßt.

Die Gestalt am Fuße des Berges ist deshalb überall voller Augen, weil sie in der Furcht des Herrn zu Gottes Reich aufblickt. Sie bemüht sich um die durchdringende Schau, damit sie Gottes gute und gerechte Absichten erfahre, und wirkt mit beständigem Eifer auf die Menschen ein. Diejenigen, die aus irgendeinem Verdruß in ihrem Herzen an Gottes Gerechtigkeit zweifeln, weist sie mit ihrem scharfen Blick zurecht, und nichts vermag ihre Achtsamkeit zu erschüttern.

Vor dieser mit vielen Augen suchenden Gestalt zeigt das kindliche Wesen in farblosem Kleid und weißen Schuhen, daß nach denen, die eifrig dem Herrn dienen, die Armen im Geiste kommen. Auch ihnen läßt der auf dem Berg Thronende das Licht der Klarheit zuteil werden, doch ist es so stark, daß ein schwacher Sterblicher es nicht zu ertragen vermag.

In den zahllosen Fenstern des Berges werden

die Bewohner der Erde sichtbar, deren Tun und Lassen dem von der höchsten Höhe Herabschauenden, also der Erkenntnis Gottes, nicht verborgen bleiben kann.

Ich sah alle Elemente und Kreaturen von grausiger Bewegung erschüttert. Feuer, Luft und Wasser brachen hervor, die die Erde bewegten. Blitze zuckten und Donner ertönten, Berge und Wälder fielen übereinander, so daß jedes sterbliche Wesen seinen Lebensatem aufgab. Alle Elemente wurden so sehr gereinigt, daß aller Schmutz in ihnen ganz und gar entschwand. Und ich vernahm eine Stimme über den ganzen Erdkreis rufen: «Stehet auf alle ihr Menschenkinder, die ihr auf der Erde liegt!» Und siehe! Alle Gebeine der Menschen, wo immer sie auch auf der Erde lagen, wurden im Nu gesammelt und wieder mit ihrem Fleische bedeckt. Jedes Geschlecht erhob sich unversehrt an Leib und Gliedern. Die Guten erstrahlten in großer Herrlichkeit, die Bösen erschienen in tiefe Dunkelheit gehüllt, so daß eines jeden Werk offenbar wurde. Einige von ihnen waren mit dem Siegel des Glaubens bezeichnet, andere nicht. Ein Teil war vorn auf der Stirn mit einem großen Glanz ausgezeichnet. Ich sah aber auch welche, die dessen entbehrten.

Plötzlich leuchtete vom Osten ein blendend heller Blitz auf, und in einer Wolke erschien der Menschensohn genau so, wie er auf der Welt aussah, mit entblößten und geöffneten Wunden. Engelchöre umgaben ihn auf seinem leuchtenden, jedoch nicht brennenden Throne. Nun begann der gewaltige Reinigungssturm der Welt. Jene, die bezeichnet waren, wurden ihm entgegen in die Luft wie in einen Wirbelwind gerissen. Die Guten wurden von den Bösen getrennt. Eine einladende Stimme pries die Gerechten des Himmelsreichs würdig, wie es auch im Evangelium bezeugt ist. Dieselbe Stimme überantwortete mit schrecklichem Tone die Ungerechten den ewigen Strafen, wie es geschrieben steht: «Es wird keine Probe und Antwort mehr von ihren Werken gefordert außer der, die das Evangelium angibt, denn eines jeden Tun, sei es gut oder schlecht, wird an ihm offenbar.» Jene Unbezeichneten aber standen weit ab in der Teufelsschar gen Norden und wurden zu diesem Gericht nicht zugelassen. Doch auch sie sah ich in einem Wirbel stehen, weil sie das Ende des Richterspruches erwarteten, und ich hörte sie bittere Seufzer ausstoßen.

Als das Gericht beendet worden war, hörten Blitze, Donner, Winde und Stürme auf. Alles

Vergängliche an den Elementen verschwand, und tiefste Ruhe trat ein. Die Auserwählten erstrahlten noch heller als die Sonne und eilten mit dem Sohne Gottes und den glückseligen Engeln voll Freude zum Himmel, während die Verworfenen mit dem Teufel heulend zur Hölle strebten. So nahm der Himmel die Auserwählten auf; die Hölle aber verschlang die Verworfenen. Bald erglänzten auch die Elemente in größter Heiterkeit, als wäre ihnen die schwarze Haut abgezogen worden. Sonne, Mond und Sterne, als der hauptsächliche Schmuck des Firmaments, strahlten voll Zier und Glanz. Sie verharrten ohne Bewegung, so daß der Tag nicht mehr von der Nacht zu unterscheiden war, sondern es immer Tag war.

Wieder hörte ich die Stimme zu mir sprechen: «Diese Geheimnisse zeigen die jüngste Zeit an, in der die Zeit in das Leuchten der Ewigkeit übergeht, das ohne Ende ist. Die jüngste Zeit wird nämlich durch viele Gefahren beunruhigt und der Untergang der Welt durch verschiedene Zeichen deutlich gemacht. Wie nämlich den Menschen bei seinem Ende viele Schwächen befallen und er in der Stunde des

Todes unter großem Schmerz aufgelöst wird,
so eilen auch dem Ende der Welt die größten
Widrigkeiten voraus.»

Allen Segen soll erfahren,
wer aus diesen Gesichten und
Bildern lernt,
wer sie in seinem Herzen bewegt
und sie hinausträgt in die weite Welt.

DIE AUSSTATTUNG DER ERDE

Als Gott die Erde schuf, hatte er schon beschlossen, daß er Mensch werden wollte. Und nachdem er hatte Licht werden lassen, das wie geflügelt war und überall hinfliegen konnte, daß er dem Geist des Lebens eine körperliche Masse geben wollte, die sich vom Lehm der Erde in Form und Gestalt unterschied, aber weder sich aufzublasen noch wegzufliegen vermochte. Auf diese Weise gebunden, sollte das aus solcher Masse gebildete Wesen um so aufmerksamer zu seinem Schöpfer aufschauen.

Der Schöpfer stattete die Welt mit vier Elementen aus: Feuer und Luft, Wasser und Erde.
Das Feuer besitzt die größte Kraft unter den Elementen wie auch im ganzen All, und es wirkt mit Hilfe von fünf Kräften – Hitze, Kühle, Feuchte, Luftigkeit und Beweglichkeit –, ähnlich wie der Mensch über fünf Sinne

verfügt. Das Feuer verursacht große Hitze, aber die Kühle ringsherum sorgt dafür, daß die Feuersglut sich nicht überall ausbreitet. Die Nässe des Wassers läßt aus dem Feuer Dampf aufsteigen. Ohne Luft würde sich das Feuer nicht entzünden, und durch die Bewegung des Windes wird die Flamme erst richtig entfacht. Der Luft dienen vier Kräfte: Sie bildet den Tau, läßt das Grün sprießen, setzt den Wind in Gang, der die Samen fortbewegt, und verteilt die Wärme, die alles zum Reifen bringt. Die Luft erfüllt zugleich alle vier Teile der Erde; sie umgibt auch den Mond und das Sternensystem.

Das Wasser hat fünfzehn Kräfte. Zu ihnen gehören Wärme, Luftigkeit, Feuchtigkeit, Beweglichkeit und Geschwindigkeit, aber auch die Grünkraft in allen Pflanzen, die Saft- und Krafterzeugung zur Fruchtbarkeit. Es fließt durch alles Lebendige. Wärme, Feuchte und Luft machen das Wasser so stark, daß seiner Kraft nichts zu widerstehen vermag.

Die Erde ist von Natur aus kalt und setzt sieben ausgleichende Kräfte ein, um ihren Bestand und alles Leben auf ihr zu erhalten. Im Sommer die Kühle, im Winter die Wärme, im

Frühjahr die Keimkraft, im Herbst die Dörrkraft. Gott hat die Erde so geschaffen, daß sie zur rechten Zeit das Wachstum hervorruft und zu gegebener Zeit wieder abnehmen läßt, so wie ja auch der Mond zu- und abnimmt.

Die vier Elemente Feuer und Luft, Wasser und Erde sind nicht nur miteinander verbunden, sondern sie sind zusammengekettet, auf daß sie niemals voneinander getrennt werden können: Feuer ist nicht ohne Luft möglich, Luft nicht ohne Wasser, Wasser nicht ohne Erde. Doch hat das Feuer mehr Kraft als die Luft, das Wasser kann die Kraft des Feuers bezwingen, und die Erde ist fruchtbarer als die übrigen drei Elemente. Die Härte von einem von ihnen stützt die Weichheit eines andern; die Weichheit von einem von ihnen mildert die Härte eines andern. So agieren und harmonieren die vier Elemente miteinander in natürlichster Weise und erzeugen kein Unheil – es sei denn, daß Gott sie als Strafgericht einsetzt und zur Ursache für Feuersbrünste und Ungewitter, Überschwemmungen oder Unfruchtbarkeit werden läßt.

Auch der Mensch selbst besteht aus den vier Elementen: Der Lehm, aus dem Gott ihn bildete, mußte mit Wasser vermengt werden, bevor er geformt wurde. In diese Form blies der Herr dann den feurigen und luftigen Lebenshauch ein.

Jedes Element hat einen nur ihm eigenen Klang, einen Urklang, den ihm Gott verordnet hat. Befindet sich der Mensch auch nicht mehr wie einst im vollkommenen Einklang mit der Sphärenharmonie, so wird ihm doch bei jedem Gesang die Einzigartigkeit der himmlischen Harmonie bewußt; denn die Seele des Menschen ist nun einmal musikalisch gestimmt.

Das Universum wird zusammengehalten durch die Sterne, so daß es nicht auseinanderfallen kann: ähnlich, wie der Mensch durch das System seiner Körpergefäße zusammengehalten wird, damit er nicht formlos zerfließt oder in Stücke bricht. Und wie die Gefäße seinen ganzen Organismus von Kopf bis Fuß durchziehen, so die Sterne den weiten Himmel. Und wie das Blut durch die Gefäße transportiert wird und damit wiederum den ganzen Kreislauf in Bewegung hält und den Pulsschlag verursacht, so bewegt sich auch das Feuer in den Sternen, sprüht Funken durch den Weltraum und schlägt den Puls des Alls.

Der Ostwind übt mit zwei Flügeln eine große Anziehungskraft auf den ganzen Kosmos aus. Einer seiner Flügel hält die Sonne fest auf ihrer Bahn; der andere wirkt dem Lauf der Sonne entgegen, damit sie die ihr vorgegebene Geschwindigkeit nicht beschleunigt. Dieser Wind ist es auch, der die zum Leben notwendige Feuchtigkeit verteilt und seine Samen fruchtbar macht und keimen läßt.

Der Westwind ist gleichsam ein Mund, der die Gewässer auseinanderbläst und verteilt. Er sorgt dafür, daß alle Wasser in die von Gott gewollte Richtung dahinströmen und keine Überschwemmung durch Fluten von verschiedenen Seiten entsteht. Dieser Wind ist es auch, der alles Grüne wieder verwelken läßt.

Der Südwind wirkt wie ein eiserner Stab, der unten spitz zuläuft, oben aber drei Ausläufer hat. Er stellt die stählerne Kraft dar, die das Firmament über dem Abgrund zusammenhält und dafür sorgt, daß seine Teile nicht auseinanderfallen. In seinen drei Ausläufern manifestieren sich seine drei besonderen Kräfte: die erste verstärkt die Sonnenwärme am Morgen, die zweite vermindert die Mittagsglut der

Sonne, und die dritte kühlt die Abendsonne ab. Die im Boden steckende Spitze des Stabes gleicht die Feuchte und Temperatur dort aus. Dieser Wind ist es auch, der alles gedeihen und reifen läßt und die guten Erträge der Erde hervorbringt.

Der Nordwind stützt mit seinen vier Säulen das ganze Firmament. Zöge er diese Grundpfeiler weg, würde das Firmament in den Abgrund stürzen. Sie halten außerdem die vier Elemente und balancieren ihr gemeinsames Wirken aus. Wenn aber dieser Wind am Jüngsten Tag mit mächtigem Sturm die vier Säulen umreißt, so klappt das Firmament genauso zusammen, wie man es mit einer Schreibtafel machen kann. Dieser Wind ist es auch, der die Kälte mit sich führt und alles Wasser zu Eis erstarren läßt, damit es nicht mehr wegfließt.

GOTTESLIEBE – MENSCHENLIEBE

Des Menschen Heimat ist Gott, und dem Geheimnis von Gottes Liebe verdankt er seine Entstehung. Der Mensch ist ein Bild Gottes und der Partner aller Kreaturen der Welt. So war es Gottes Plan von Anfang an.

Gott hat den Menschen geschaffen wie einen wunderschönen Edelstein, in dessen Glanz sich die ganze Schöpfung spiegelt. Und weil der Mensch über allen anderen Kreaturen steht, darf er gegenüber jenen nicht hartherzig sein. Die Herzenshärte ist unter allen schlechten Eigenschaften die schlimmste. Sie richtet sich nicht nur gegen andere, sondern auch gegen das eigene Ich. Der Verzicht darauf, einem anderen Wesen mit Interesse zu begegnen und ihm Barmherzigkeit zu erweisen, ist unmenschlich und ein Verstoß gegen die Verantwortung, die Gott seinem höchsten Geschöpf übertragen hat.

Der Himmel auf Erden ist überall, wo ein Mensch von Liebe zu Gott, zu seinen Mitmenschen und zu sich selbst erfüllt ist.

Die Liebe ist die Mitte von allem: im Menschen wie im Wirken Gottes. Und von der Mitte her breitet sie sich aus wie eine Flamme. Wer sich die Liebe ganz zu eigen macht, der wird in keiner Richtung fehlgehen. Denn die Liebe ist in der Mitte von allem. Sie übertreibt und vernachlässigt nichts, sie weicht nicht aus und verliert nichts. Sie ist und bleibt der Kern unseres Daseins. Sie ist die Seele und das Auge. Sie rundet den Lauf der Welt und verwirklicht das Gute.

In seinem Weib erkannte Adam sich selbst – und zugleich das Bild dessen, der beide geschaffen hatte.

Die Ehe ist als ein Garten der Liebe gedacht, den Gott angelegt hat, und der Mensch ist nun darin der Gärtner, der dafür sorgen muß, daß dieses Geschenk auch gedeiht. Er muß darauf achten, daß keine Dürre ihm schadet, das Faulgewordene herausschneiden, das Welke wegfegen und nichts aufkommen lassen, was die Harmonie stören könnte. – Nun sieh auch du zu, daß alles grünt.

Es sind die fünf Sinne, die dem Menschen seine Vollkommenheit verleihen. Sehend erkennt er die Geschöpfe. Hörend verrät ihm der Geist, wie sich die Außenwelt verhält. Durch den Geruchssinn erkennt er, was für ihn zuträglich ist und was nicht. Schmeckend prüft und genießt er seine Nahrung. Tastend unterscheidet er Gutes und Böses. Was immer der Mensch tut, wird von seinen fünf Sinnen bestimmt. Sie sind so sinnreich miteinander verbunden, daß keiner ohne den anderen auskommen kann. Durch ihre gemeinsame Leistung erkennt er Gott und glaubt an ihn, obwohl er ihn nicht zu sehen vermag.

Mitten im Weltenrad steht der Mensch; denn er ist Gott wichtiger als alle anderen Kreaturen, die von den Einrichtungen der Erde viel abhängiger sind. Der Mensch ist zwar klein von Statur, doch seine Seelenkräfte sind außerordentlich groß. Mit hoch erhobenem Haupt, beide Füße fest auf dem Boden, ist er imstande, sowohl die tiefen als auch die hohen Dinge in Bewegung zu setzen. Das Werk seiner Hände vermag das All zu durchmessen und zu beeinflussen, weil es geleitet wird durch seine hervorragenden geistigen Fähigkeiten.

Gottes Vaterschaft ist voll Güte und zugleich von großer Macht und Beständigkeit. Man kann daher sagen, sie ist so vollkommen wie ein Rad.

Wie alles einen Schatten wirft, so ist der Mensch der Schatten Gottes. Und dieser Schatten ist der Beweis, daß es einen Schöpfer gibt.

Die große himmlische Harmonie ist ein Spiegel Gottes, und der Mensch ist der Spiegel aller seiner Wunder.

Der Wille ist das Feuer, das alle unsere Pläne in einem Ofen gar werden läßt. Wir backen ja nur deshalb Brot, damit es uns ernährt und Kraft gibt. So gibt auch der Wille die notwendige Kraft zur Ausführung aller Vorhaben im Leben.

Die Vögel, deren Lebensbereich die Luft ist, sind ein Sinnbild der Kraft des Menschen, die er für seine verschiedenartigen Überlegungen und Pläne braucht, ohne daß er sie auch in Taten umsetzen muß.
Die Tiere aber, die auf der Erde leben, versinnbildlichen die Überlegungen und Pläne, die er verwirklicht.
Der Löwe und die ihm verwandten Tiere veranschaulichen den tatkräftigen Willen des Menschen; der Panther bringt das glühende Verlangen zum Ausdruck, etwas Neues zu beginnen. Die anderen Waldtiere kennzeichnen die Fülle der Möglichkeiten, die der Mensch hat, Nützliches oder Unnützes zu tun. In den zahmen Tieren auf der Erde hat er ein Abbild der Sanftmut, die jeden erfüllt, der auf dem rechten Weg ist.

Daß der Mensch kein Fell hat und keine Flügel, erklärt sich so: Es ist ihm Erkenntnis gegeben, die ihn bedeckt und die ihn fliegen läßt, wohin immer er will.

Gott hat, als er den Menschen erschuf, all seine Geheimnisse diesem Geschöpf einverleibt. Er wollte ja, daß der Mensch in seinem Denken und Handeln ihm ähnlich sei. Deshalb ist der Mensch das lebendige Wunder Gottes.

In weiser Voraussicht hat Gott dem Menschen einen irdischen Leib gegeben und damit eine Last aufgebürdet, die es ihm unmöglich macht, sich über sich selbst hinauszuerheben. So gebunden, ist er mehr auf Gott angewiesen und kann Gott ihn besser im Auge behalten.

Gottes Wort vernehmen und beantworten – das ist Leben!

GOTTES WEISHEIT –
MENSCHENWISSEN

Eine Stimme sprach zu mir:
«Ich besaß einen fruchtbaren Acker. Habe ich ihn dir etwa überlassen, damit du dort eine Frucht nach deinem Belieben anbaust? Und wenn du dort etwas säst, kannst du etwa selbst dafür sorgen, daß eine Frucht daraus wird? Nein! Denn du bringst weder Tau hervor noch kannst du es regnen lassen oder Sonnenwärme erzeugen.
Ebensowenig kannst du mit eigener Kraft dafür sorgen, daß ein Wort, das du in das Ohr eines Menschen gesät hast, zu seinem Herzen gelangt; denn das Herz ist mein Acker. Du wirst in ihm weder den Tau der Nachgiebigkeit hervorbringen noch den Regen der Tränen fließen lassen noch die Glut des Heiligen Geistes entfachen. All dies kann nur durch den Einsatz der Heiligkeit entstehen.»

Nur innerhalb des Erdenrunds, in dem er geschaffen wurde und in dem er enden wird, steht dem Menschen Erkenntnis und Urteil zu. Was vor ihm war und was nach ihm kommen wird, das weiß er nicht. Nur Gott ist ewig und hat weder Ursprung noch Ende. Er allein weiß, was vor Beginn der Welt war.

Wahre Weisheit kommt aus Gottes Auge, mit dem er alles vorhersieht und alles durchschaut. Die Weisheit ist seine liebste Freundin, die er bei all seinen Vorhaben zu Rate zieht.

Gott hat es in allem so eingerichtet, daß ein jeder auf einen anderen angewiesen ist und auf ihn Rücksicht nehmen muß. Dieses Verantwortungsgefühl wirkt wechselseitig um so mehr, je deutlicher man im Mitmenschen das erspürt, was man an sich selber nicht kennt.

Gib acht auf den Adler. Sobald er an einem seiner beiden Flügel verletzt ist, kann er sich nicht mehr vom Boden erheben. Genauso kann auch der Mensch nur mit beiden Flügeln seiner Vernunft fliegen: mit seiner Fähigkeit zur Unterscheidung von Gut und Böse sowie mit der Freiheit, zwischen den zwei Möglichkeiten zu wählen. Der rechte Flügel erkennt das Gute, der linke das Böse. Nur wenn beide Flügel kraft ihrer Erkenntnis klug zusammenwirken und der gute Antrieb den bösen Gelüsten, die ja jeden von uns verlocken, etwas Wind aus den Segeln nimmt, wird der Flug gelingen.

Du wahre Weisheit, ohne Anfang und ohne Berechnung, du bist der wahre Gott. In allem, was du geschaffen, so auch in deinem Kunstwerk, dem Menschen, hast du große Geheimnisse manifestiert.
Unvergleichlich hast du die Kräfte deiner Allmacht wirken lassen: Hast das Firmament mit all seinen Leuchten, dieses Dach für uns mit wunderschönen Fenstern, errichtet; hast die Sonne dort hingestellt, deren Strahlen die ganze Erde und was darunter ist erleuchtet. So wie durch sie alle anderen Lichter am Himmel erglänzen, so hängen alle Geschöpfe von dir ab. Nur durch dich haben sie ihr Leben.

Je nachdem, in welcher Stimmung der Mensch die Sterne betrachtet, lassen sie an sich gewisse Zeichen erkennen. Doch sie offenbaren weder die Zukunft noch bestimmen sie das menschliche Wesen und seine Gedanken. Sie strahlen nur wider, was man selber schon gedacht hat oder beabsichtigt; denn die Atmosphäre nimmt unser Denken auf und leitet es auch an die Sterne weiter. Sie empfangen unsere Gedanken, aber nicht wir diese Gedanken von ihnen. Gott schuf die Sterne nicht als Propheten, sondern damit sie uns durch ihr Leuchten zu Diensten sind. Sie erhellen die Nacht, damit wir auch in der Finsternis unsere Arbeit verrichten können – so wie die Seele im Leib leuchtet, auf daß er recht zu Werke gehen kann.

Auch der Mond beherrscht nicht die Natur des Menschen, als wäre er ihr Gott...
Aber der Mond wirkt auf die Natur in vielfältiger Weise ein. Das Blut und die anderen Säfte in unserem Körper werden im Einklang mit dem Mondwechsel bewegt, und auch unsere Gemütsverfassung wird durch den Mond, die Luft und das Wetter in Mondnächten beeinflußt...
Die ganze menschliche Natur beherrscht indessen der Heilige Geist – jedenfalls die Natur der Propheten und Weisen, der Guten und Gerechten.

Wenn der Mensch keine Frage an den Heiligen Geist hat, wird er auch keine Antwort für ihn haben.

Wie umfassend auch das Wissen eines Menschen sein mag: Die Werke Gottes kann er nicht zählen und nicht alle kennen.

Die Aufgabe der Propheten besteht allein darin, uns das schwer Verständliche im Wirken Gottes klar vor Augen zu führen.

Verbannt aus eurem Denken und aus eurem Herzen, daß ihr unbedingt die geheimen letzten Dinge erforschen wollt. Sie sind unerklärlich und zur Erkenntnis von Gottes Weisheit nicht notwendig.

Du weißt nicht, Mensch, was du warst, bevor du deinen Leib und deine Seele bekamst. Du weißt nicht, wie du geschaffen wurdest, aber du willst Himmel und Erde erforschen! Du willst die Schöpfung beurteilen, Gott vor dein Gericht stellen und alles wissen – und vermagst doch nicht einmal das Allergeringste richtig zu deuten. Du kannst dir ja nicht einmal erklären, was in deinem Körper vorgeht und was sein wird, wenn er sein Leben endet.

Da nicht einmal das geringste Geschöpf Gottes mit nur einem Wort zu erklären ist, wie könnte da der Mensch leicht zu begreifen sein?

Handle wie der weiseste aller Lehrer,
der die Wasser fließen und die Erde
fruchtbar werden ließ.
Wirke durch deine Weisheit wie die Sonne,
wie der Mond durch deine Einfühlsamkeit,
wie der Wind durch deine Energie,
wie die laue Luft durch deine Milde,
wie das Feuer durch deine klare Rede.
Beginne dies Werk im ersten Morgenlicht,
und vollende es im Sternenschein.
Handle so, dann wirst du ewig leben.

HYMNUS AUF DEN HEILIGEN GEIST

Feuriger Geist Gottes, sei gepriesen!
Du tönest mit Pauken und Harfen.
Des Menschen Geist ist erfüllt von dir
und gibt der Seele Kraft.
Von dir steigt der Wille empor,
du leuchtest seiner Sehnsucht.
Mit hellem Klang ruft dich der Verstand an
und schafft dir eine Wohnstatt
in seinem Denken,
das sich bemüht, dich zu begreifen.
Du aber hältst stets ein Schwert bereit,
um abzuschneiden, was der Apfel,
der alles Verderben bringt,
in mir anzurichten droht,
wann immer Nebel meinen Willen
und mein Streben umhüllt,
wodurch die Seele in die Irre schweift.
Dann schlägt dein Geist meinen Willen
und mein Sehnen in seinen Bann.
Sooft mein Innerstes versucht ist,
angesichts des Bösen schwach zu werden
und sich von ihm zermalmen zu lassen,

brauchst du es nur zu wollen,
und es verbrennt in deinem Feuer.
Begibt sich mein ganzes Sinnen
auf abschüssige Bahn,
so versetzt du ihm Gewissensbisse
und holst durch Erfahrungen,
die du mir zuteil werden läßt,
mich zu dir zurück.
Zieht das Böse gegen dich zu Felde,
dann wendest du sein Schwert
zum Stich ins eigene Herz,
wie du es schon getan hast
mit dem ersten Engel, dem verlorenen,
als du seinen aufgetürmten Hochmut
in die Tiefe stürzen ließest.
Zum andern aber öffnest du
allen Sündern die Gelegenheit,
zu bekennen und zu bereuen.
Darum loben dich alle Kreaturen,
die durch dich leben,
weil du eine heilende Salbe bist
für alle Brüche und Wunden.
Denn du kannst sie verwandeln
in die kostbarsten Erkenntnisse.
Erlaube, daß wir uns um dich versammeln,
und weise uns den rechten Weg. Amen.

VON DER ZUSAMMENARBEIT
ZWISCHEN SEELE UND LEIB

Gott hat den Menschen schon vor dem Anfang aller Zeitenrechnung vorausgedacht. In ihm wollte er selbst körperliche Gestalt annehmen. Die Seele aber ist Gottes geistiger Atem in uns. Sie ist in jedem Teil unseres Leibes und wirkt als Antriebskraft zu all unserem schöpferischen Werk. Die Seele ist der Geist des Menschen, der zum Ausdruck kommt in seinen Worten.

Der Leib ist die Wohnstatt und das Gerüst aller Seelenkräfte, und solange die Seele im Körper ist, wirkt sie mit diesem zusammen und er mit der Seele – im Guten wie im Bösen. Wie der Leib ein fühlendes Herz hat, so hat die Seele ihren Verstand. Er erkennt, was gut und was böse ist. Wie eine Speise ohne Salz fade schmeckt, so fehlt auch den Seelenkräften ohne Mitwirkung des Verstandes etwas, das sie schmackhaft und verdaulich macht.

Der Mensch hat drei Kraftwerke in sich: die Seele, den Leib und die Sinne. Sie regulieren sein Leben. Die Seele ist es, die den Körper belebt, so wie das Feuer die Finsternis erhellt, und sie verfügt über zwei Hauptkräfte, den Verstand und den Willen, als wären es ihre Arme…

Der Verstand ist an die Seele gebunden wie der Arm an den Leib. Und wie der Arm, wenn er arbeitet, sich mit seiner Hand und ihren Fingern vom Körper wegstreckt und doch am Körper haften bleibt, so hält auch der Verstand stets Verbindung mit der Seele, und mehr als die anderen Seelenkräfte erkennt er, was es mit den Vorhaben des Menschen auf sich hat, ob eines gut oder schlecht ist. Man erhält durch ihn Einsicht wie durch einen Lehrer, der alles Tun und Lassen prüft, so wie man den Weizen von der Spreu trennt, und der untersucht, ob etwas nützlich oder schädlich, liebens- oder hassenswert ist, zum Leben verhilft oder zum Tode gereicht.

Der Körper ist das Kleid der Seele.
Die Seele ist die Herrin,
das Fleisch ist die Magd.

Wie das Feuer Licht in die Finsternis bringt, so verleiht die Seele dem Körper erst die Kraft zum Leben.

Wenn man ein sehr kostbares Gefäß sieht, kann man sich vorstellen, daß auch etwas sehr Wertvolles darin sein muß. Genauso erfährt man durch die Sinneswahrnehmungen etwas von den Seelenkräften in einem Körper.

Die Seele freut sich über ein gutes Werk in gleichem Maß wie der Leib eine gut schmeckende Speise genießt.

So wie der Saft den ganzen Baum durchströmt, tränkt die Seele den ganzen Leib.

Der Verstand wirkt in der Seele wie am Baum die Grünkraft der Zweige und Blätter; der Wille entspricht der Aufgabe der Blüten; das Gemüt ist mit dem Antrieb zu vergleichen, der den Fruchtansatz wachsen läßt und die Vernunft mit der Kraft, die der Frucht zu vollendeter Reife verhilft.

Baut jemand ein Haus, so macht er an ihm eine Tür und Fenster sowie einen Rauchabzug. Durch die Tür will er ein und aus gehen, auch alles Nötige hinein- und hinausschaffen. Durch die Fenster erhält er Licht, und durch den Schornstein soll der Rauch abziehen, damit die Bewohner nicht im Qualm ersticken, sooft im Haus ein Feuer angezündet wird. Wie der Mensch im Haus, so sitzt die Seele im Herzen wie in einem Haus. Ihre Gedanken sendet sie wie durch eine Tür ein und aus, betrachtet die Dinge im Tageslicht wie durch Fenster, und ihre im Feuer der Einsicht erhärteten Überlegungen leitet sie wie durch einen Schornstein zum Gehirn weiter, wo Entscheidungen getroffen und Taten ausgelöst werden. Verfügte der Mensch nicht über die Instanz der Seele, so würde er dastehen wie ein Haus, an dem man Türen, Fenster und Schornstein vergessen hat.

Die Sonne ist das Licht des Tages, der Mond das Licht der Nacht. Die Seele aber ist das Licht des wachen wie auch des schlafenden Menschen. Die Seele sorgt dafür, daß der Schlafende nicht vergißt, seinen Atem regelmäßig einzuziehen und auszustoßen; sie beaufsichtigt den Körper, damit er keinen Schaden nimmt. So gibt auch der Töpfer unverwandt acht auf sein Gefäß, wenn er es im Feuer brennt, und läßt es weder zu sehr oder zu wenig heiß werden, weil das Gefäß bei zu starker Hitze oder zu schneller Abkühlung brüchig werden oder gänzlich zerfallen würde. Entfiele diese Regulierung seines Atems, so verlöre der Mensch auch die Fähigkeit, sich zu bewegen, sein Blut würde nicht länger flüssig genug sein, um zu fließen wie am Tage, wie ja auch Wasser nicht fließen kann, wenn die Luftzufuhr nicht geregelt ist.

Wie sich das Fleisch des Menschen durch die Nahrung stärkt, so festigt sich sein Mark durch den Schlaf. Wenn er schläft, erholt sich das Mark von den Anstrengungen bei Tag und nimmt dabei zu. Während des Wachens verdünnt sich das Mark und wird dadurch geschwächt... Ist es von der Arbeit hinlänglich ermüdet, so spürt der Mensch das Verlangen nach Schlaf, das so groß werden kann, daß man sogar im Sitzen oder Stehen einschläft.

Die Seele, die ja mit dem Körper eng verbunden ist, reagiert auf das Schlafbedürfnis des Leibes zwar etwas widerwillig, aber doch hilfreich, indem sie seine nervösen Regungen beruhigt. Ähnlich wie Luft und Wasser das Rad der Mühle in Umdrehungen versetzen, regen die Kräfte der Seele den wachen wie den schlafenden Körper zu den Leistungen an, die den Erfordernissen des jeweiligen Tuns oder den Möglichkeiten des Ruhens angemessen sind. Ist seine Nachtruhe nicht von stürmischem Wolkentreiben gestört, sondern von sternklarem Himmel erquickt, so können die Träume dem Menschen Wahres zeigen. Beeinträchtigt indessen das Wetter zur Stunde des Einschlafens sowohl den Körper als auch die Gedanken, dann bestimmt dieses Mißbefinden auch die Träume, und was sie ihn sehen lassen, ist ungeordnet und ohne Sinn. Das liegt daran, daß die Seele durch die äußeren Umstände derart irritiert ist, daß sie das Wahre nicht zu erkennen vermag.

Die Seele ist es, die den Menschen im Wachen wie im Schlafen zusammenhält und lebendig bleiben läßt. Während im Schlaf der Körper ausruht, hält die Seele, die der Mensch in seinem Wachzustand unentwegt beansprucht hat, auf andere Weise in ihrer gewöhnlichen Tätigkeit inne. Sie gibt sich Träumen hin und widmet sich Dingen, für die sie am Tag keine Zeit gefunden hat, nämlich vergangenen und zukünftigen. Während der Leib schläft, erkennt sie, was ihm bis dahin genutzt oder geschadet hat und sieht mitunter voraus, was ihm bevorsteht – und dies trifft manchmal wirklich ein. Öfter aber ist die Seele von den zahlreichen falschen Vorspiegelungen der Außenwelt oder bösen Ereignissen des Alltags und den dadurch hervorgerufenen

Verstimmungen so mürb und müde, daß sie das, was kommen könnte, nicht deutlich genug zu erkennen vermag und darum Täuschungen erliegt. Was der Mensch im Wachen erlebt hat, ist eben so mannigfach, daß es ihn noch im Schlaf beschäftigt und auch seine Träume bestimmt. Deren Erscheinungen aber können seine Seele so aufblähen wie eine Mehlmasse den Sauerteig, ganz gleich, ob er aus guten oder schlechten Zutaten besteht. Überwiegen die guten Gedanken, so gibt Gottes Gnade dem Menschen einen schönen zukunftweisenden Traum; überwiegen die nichtigen oder schlechten Gedanken, so ängstigt der Traum die Seele und gibt ihr Lug und Trug ein.

Die Augen sind die Fenster der Seele und die Pforten der bildlichen Wahrnehmung. Die Ohren sind die Flügeltüren des Vernehmens und der Horchposten der Vernunft.

Die Nase ermöglicht die genauesten Unterscheidungen durch den Geruch der Wirklichkeit und der Mund durch den Geschmack der Dinge. Durch Belecken erfolgt der innigste Kontakt mit ihnen. Die Hände sind die Organe der ausführenden Tat.

Essen und Trinken dienen der Verwandlung der Elemente. Der Atem ist fortwährend tätig und hält die ständige Verbindung mit dem Kosmos aufrecht. Der Magen muß den Einfluß der Außenwelt verdauen. Der Schlaf dient zum nachdenklichen und erholsamen Rückzug in die Innenwelt.

Durch Unmut und Zorn zieht sich der Mensch schwere Krankheiten zu, da die gegeneinander wirkenden Säfte der Galle und der Schwarzgalle im Fall häufiger Wutausbrüche krankmachen. Bliebe derjenige jedoch beherrscht und von bösen Geisteszuständen verschont, so würde er immerdar gesund bleiben. Wenn die Seele von Menschen, die unter großem Verdruß leiden, sich ruhig verhält, als wäre nichts geschehen, so kann der Körper die ihn störenden Belästigungen nicht verarbeiten und das Äußere fühlt sich vom Inneren unter Druck gesetzt. Dann muß die Seele unbedingt wieder handeln und die Führung des Menschen übernehmen, damit er nicht an Leib und Seele ernstlich Schaden leidet.

Die Seele ist wie der Wind,
der über die Kräuter streicht,
wie der Tau, der an den Gräsern hängt,
und auch wie die Regenluft,
die alles wachsen läßt.
Wie der Wind, so lasse der Mensch
sein Mitgefühl teilhaftig werden
allen, die das Verlangen danach haben.
Er sei ein Wind, der den Kranken hilft,
ein Tau, der sanft die Einsamen tröstet,
Regenluft, die den Schwachen erfrischt.
Seine Weisheit helfe allen,
die nach Rat hungern,
und seine ganze Seelenkraft
setze er für sie ein.

WIE ES UM DEN MENSCHEN STEHT

Sein Los ist ein Leben voller Sorgen. Aber was lebte denn auf der Erde und wäre gänzlich frei von Sorgen? Nichts! Doch besonders das Menschendasein ist voller Probleme; denn es ist mühselig und rückständig im Vergleich mit jenem paradiesischen Leben der ersten Zeit nach der Schöpfung, als die Augen noch nichts entbehrten und die Fülle der Seligkeit nichts vermissen ließ.

Ängste beherrschen uns innerlich. Da ist immer eine ungewisse Furcht in mir, weil ich meiner selbst nicht sicher sein kann. Deshalb strecke ich meine Arme nach Gott aus, daß sie schwerelos und vom Wind getragen zu ihm fliegen und ihn anflehen, er möge mich halten.

Als Gast auf Erden irren wir in der Fremde. Ich bin ein Fremdling hier, aber wo bin ich? Im Schattenreich des Todes. Und wohin führt mein Weg? Nur in die Irre. Was bleibt mir da als Trost? Der Trost, den alle Fremden haben:

Daß ich einen Engel zum Freund habe! Weil doch auch ich den lebendigen Hauch empfangen habe, mit dem Gott den Lehm beseelte, aus dem wir gemacht sind.

Vor Unrast findet der Mensch keine Ruhe mehr. Es hält ihn nicht lange bei einer Beschäftigung oder an einem Ort. Immerfort fällt ihm etwas anderes ein, reizt Neues seine Abenteuerlust. Von Zerstreuungen und Versuchungen verlockt, läßt er sich dahin und dorthin treiben.

So entsteht furchtbare Schwermut im Menschen. Die Bürde des Lebens ist so drückend, daß es weder möglich ist, sie zu tragen, noch, sie abzuwerfen. Was folgt denn daraus außer Leid und Tränen? Wer vermag mich zu erlösen außer dem Tod? Wer antwortet mir, wenn nicht das Verhängnis? Ich sehe und weiß keinen Ausweg mehr.

Und dennoch: Ich werde trotz allem Kummer, aller Schmerzen nicht aufgeben, sondern kämpfen! Ich werde meine irdische Hinfälligkeit nicht einfach hinnehmen, ich will mich ihr entgegenstellen. Ich werde mein Mark, mein Fleisch und mein Blut durch die Weisheit der Geduld besänftigen, mich gegen alle Unbill verteidigen mit der Stärke des Löwen und der List der Schlange, die sich vor dem Zugriff des Todes in ihre Höhle rettet.

Und es gibt nichts, was allein nur schrecklich ist. Auch in verzweifelt trauriger Stimmung gibt es noch eine Freude und ist noch Heil. Wie die Vögel in der Luft und die Würmer in der Erde teils nützlich, teils schädlich sind, so ist es auch mit der Gunst und Mißgunst in der Welt bestellt. Wie das Feuer erst das Gold als echt erweist und läutert, so läutert das Nützliche das Nutzlose. Darum will ich beides so nehmen, wie Gott es für mich bestimmt hat. Denn wenn mein Körper auch an die Erdenschwere gebunden bleibt, so weist doch meine Seele in den Himmel. Zwar wird der Leib immer wieder die Seele bedrängen, aber die Seele am Ende doch den Sieg davontragen.

DER «GUTE ARZT»
UND DAS HEILWISSEN

Eine Stimme vom Himmel sprach zu mir: «Ich bin ein guter Arzt für alle Krankheiten und verfahre genauso wie ein Doktor, wenn er einen Kranken vor sich hat, der dringend eine Medizin braucht. Ist es eine leichte Krankheit, so wird er ihn schnell heilen; ist es aber ein schweres Leiden, wird er zu seinem Patienten sagen: ‹Die Behandlung kostet viel Geld. Wenn du es mir gibst, kann ich dir helfen.› So handle auch ich an dir, o Mensch. Eure kleineren Sünden seien durch Tränen, Einsicht und guten Willen getilgt. Bei schweren Verfehlungen dagegen verlange ich: ‹Tu Buße und bessere dich! Erst dann erweise ich dir meine Barmherzigkeit, erst dann gewähre ich dir das ewige Leben.›»

Keineswegs soll der Mensch nur Verlangen nach dem Himmel haben. Er hat auch Sorge für die Bedürfnisse des Fleisches zu tragen. Er soll dabei nur behutsam, aber entschieden von alledem ferngehalten werden, was zu einem seelischen oder leiblichen Schaden oder gar zu seinem Untergang führen könnte.

Trockner Sand bringt nichts hervor, und die Erde läßt keine Früchte reifen, wenn sie durch den Pflug zu stark aufgewühlt und zerteilt wird. Aus nacktem Fels wächst nur Dornengestrüpp. Genauso schwächt übertriebene Enthaltsamkeit in der Ernährung den Menschen. Er dörrt davon aus. Das gleiche gilt für die strenge Enthaltsamkeit im Geschlechtsleben. Der Ruf solcher Tugend ist zweifelhaft, und wer sich deswegen für heiligmäßig hält, der irrt.

Wenn der Mensch sich richtig, also mit Maßen, ernährt, so wird auch seine Stimmung froh und sein Betragen umgänglich sein. Gibt er sich dagegen der Völlerei hin, schafft er damit die Grundlage für alle möglichen körperlichen Leiden; und zwingt er sich, wenig zu essen und zu trinken, so wird er verdrießlich. In dieser Weise sieh du deinen Körper und Leib als die gute Erde an.

-

Wer durch eine bekümmerte Gemütsverfassung krank wird, der ist wie harte Erde, die der Pflug nur mit Mühe umwälzen und dabei mit neuer Kraft versehen kann. Denn so ein Mensch ist von Angst und Unmut erfüllt und voller Widersprüche. Wer es unterläßt, seiner Seelenkraft zu vertrauen, wird an nichts, was er tut, Freude haben. Wer sich aber wie fruchtbare Erde empfindet, die der Pflug leicht aufwirft und die eine gute eingestreute Saat schnell keimen läßt, der verspürt bei all seinem Handeln Wohlbefinden.

Die Krankheiten kommen aus dem Ungemach der Seele. Es verbreitet sich um das Herz eine Art Nebel, der es verdunkelt. Dadurch kommt über den Menschen Trübsinn und Mißbehagen, und daraus wiederum entsteht ein Aufruhr, der die verschiedenen Krankheiten hervorruft.

Ein Mensch, der alle Speisen ohne Salz ißt, wird innerlich schwach; wenn er mäßig gesalzen ißt, stärkt ihn das und heilt ihn auch. Zu stark gesalzene Speisen sind schädlich, weil sie das Innere ausdörren. Das Salz legt sich dann wie Staub auf die Lunge und trocknet sie aus. Die Lunge braucht aber Feuchtigkeit. In gleicher Weise kann zuviel Salz schlecht für die Leber sein, obwohl sie es eher verträgt.
Es soll darum der Speise nur so viel Salz zugefügt werden, daß der natürliche Geschmack des Gerichts erhalten bleibt und nicht vom Salz überdeckt wird.

Arbeite, solange du kannst, doch hüte dich, deinen Leib durch zuviel Arbeit allmählich umzubringen. Denke stets daran, daß es dir nicht gegeben ist, deinen Körper neu zu schaffen. Deshalb bitte Gott beizeiten, daß er dir zu einem gesünderen Leben verhelfen möge, und warte damit nicht, bis du ihn voller Qual mit verzweifelten Bitten darum anflehen mußt, deinen Zustand zu bessern.

Die zahlreichen Kräuter, Gewürze und Pulver, die zu heilen vermögen, werden einem Menschen nichts nützen, wenn sie ohne bestimmtes und erprobtes Rezept angewendet werden. Eher rufen sie dann Schlimmes hervor. Daher müssen sie mit großer Umsicht eingesetzt werden und nur, wenn eine Notwendigkeit vorliegt. So wie uns der Staub, den wir beim Atmen oder Schlucken zu uns nehmen, nicht bekommt, so verursachen auch sinnlos gebrauchte Mittel viel mehr Schaden als Nutzen.

Wer im Kopf, in der Brust oder im Magen zuviel Schleim hat, soll etwas Masse von einem Ameisenhaufen nehmen und aufkochen, dann das Wasser über einen Stein laufen lassen. Der Dampf muß fünf- bis zehnmal tief durch Nase und Mund eingeatmet werden. Dadurch wird der Schleim verringert. Wer an Gicht leidet oder schlechte Säfte hat, soll aus dem Sud von Ameisen ein Bad bereiten und sich bis zum Hals hineinlegen.

Wer zorniger oder bedrückter Stimmung ist, nehme junge Ameisen, denen noch die Eier, aus denen sie geschlüpft sind, anhangen, tue sie in einen Beutel und lege sich diesen so lange aufs Herz, bis er sich wie schweißgebadet fühlt. Danach wird er wieder guten Mutes sein und einen klaren Kopf haben.

Ist durch das Alter oder durch eine Krankheit der Blut- und Wassergehalt in den Augen beeinträchtigt, soll der Mensch auf eine grüne Wiese gehen und sich so lange in ihren Anblick versenken, bis seine Augen so naß sind, als weine er. Das Wiesengrün nimmt das Trübe aus den Augen und macht sie wieder ganz klar.

Man kann sich auch an ein fließendes Gewässer begeben oder frisches Wasser in eine Schale gießen und, tief darübergeneigt, die Augen von der aufsteigenden Feuchtigkeit benetzen lassen. Davon bildet sich in ihnen aufs neue das notwendige Wasser.

Ebenso hilft ein mit sauberem, kaltem Wasser getränktes Stück Leinentuch auf Augen und Schläfen. Das Augeninnere soll aber von dem Umschlag nicht berührt werden, damit es sich nicht entzündet.

Wer aus Versehen Giftiges zu sich genommen hat oder von einem anderen vergiftet worden ist, koche Ringelblumen in Wasser und lege sie dann warm auf den Magen. Dadurch wird das Gift aufgelöst und ausgeschieden.

Ferner wärme er guten Wein, lege solche Blumen hinein und erhitze dann den Wein stärker. Wenn dieser dann nur noch lauwarm ist, trinke man ihn. Davon wird das Gift durch die Nase und als Schaum durch den Mund hinausgeschleudert.

Wer Schuppen auf dem Kopf hat, nehme von einem Stück Speck die Schwarte wie auch das weiche Fett weg und zermahle das übrige zusammen mit Ringelblumen in einem Mörser. Damit reibe er den Kopf immer wieder ein. Die Schuppen verschwinden, und der Kopf wird wieder schön sein.

Der Stahl ist sehr heiß und der stärkste Bestandteil des Eisenerzes. Er gilt als ein Symbol der Erhabenheit Gottes; deshalb flieht und meidet ihn das Böse.

Wer in einem Getränk Gift vermutet, gebe ein Stückchen erhitzten Stahl hinein. Wenn wirklich Gift darin ist, so wird es sehr gemildert. Handelt es sich um eine feste Speise, die vergiftet sein könnte, so soll man das erhitzte Stück Stahl in Wein tun und diesen über das Gericht aus Fleisch, Fisch oder Eiern schütten. Dadurch wird das Gift derart ausgedörrt, daß es nicht mehr zu töten vermag, höchstens noch ein wenig zu schwächen vermag.

Der Smaragd ist deshalb, weil er in der Stunde des Sonnenaufgangs wächst, ein starkes Mittel gegen alle Schwächen und Krankheiten des Menschen. Wer Schmerzen am Herz, im Magen oder an den Organen an der linken oder rechten Seite leidet, der trage einen Smaragd bei sich, damit der Körper sich an ihm wärme.

Sollte eine Krankheit ihn so sehr peinigen, daß er es kaum zu ertragen vermag, dann stecke er den Smaragd in seinen Mund, damit er vom Speichel ganz naß werde. Den so erwärmten Speichel sauge man oft hintereinander ein und spucke ihn wieder aus. Das lindert vor allem plötzliche Schmerzanfälle und die Fallsucht.

Wer an Kopfschmerz leidet, halte den Smaragd an seinen Mund und erwärme ihn mit seinem Atem, bis der Stein ganz feucht ist. Nun bestreiche er damit Schläfen und Stirn. Danach nehme er den Stein in den Mund und behalte ihn darin etwa eine Stunde. Es wird ihn von dem Schmerz befreien.

Wer schlechten Geschmack im Mund hat und immer weiter saure Säfte hochkommen spürt, der erwärme guten Wein, lege über ein Gefäß ein Stück Leinentuch und darauf den Smaragd. Dann gieße er den Wein darüber, so daß er durch das Tuch ziehe, und trinke, was sich in dem Gefäß gesammelt hat, am besten zusammen mit Bohnenmehl. Das vermindert die Säfte- und Schleimbildung und reinigt auch das Gehirn.

Der Saphir wächst zur Mittagszeit und ist daher von der Sonne sehr erwärmt und von keinem Luftzug abgekühlt. Dadurch ist der Stein stark aufgeladen mit Kraft, und er gehört eher zum Feuer als zur Luft oder zum Wasser.
Wer an einer Entzündung am Auge, beispielsweise an einem Gerstenkorn leidet, erwärme den Saphir in seiner Hand oder über Feuer und berühre dann mit dem Stein die entzündete Stelle. Das tue man drei Tage lang am Morgen und am Abend. Danach wird die Schwellung geschrumpft sein und verschwinden.
Wer gerötete und schmerzende Augen hat und das Gefühl, beinahe blind zu sein, der nehme in nüchternem Zustand den Saphir in den Mund, damit er vom Speichel feucht werde

und streiche diesen Speichel so über die Augen, daß auch das Innere davon etwas erhält. Davon werden die Augen wieder hell und klar werden.

Der Saphir im Mund wirkt auch gegen die Gicht und verschafft, zumal bei der Prozedur am frühen Morgen, einen klaren Kopf. Um gute Gedanken zu erhalten und den Verstand zu schärfen, halte man den Saphir über ein Gefäß mit erhitztem Wein, bis der Stein ganz feucht ist von dem Dampf. Dann lecke man diesen ab und genieße auch den Schaum des heißen Weines. Das wird sowohl für das Gehirn als auch für den Magen von Nutzen sein. Wer durch Zorn erregt ist, nehme den Saphir in den Mund, und nach kurzer Zeit wird der Unmut weichen.

Heilende Kraft, du brichst dir Bahn!
Du durchdringst alle Höhen und Tiefen,
du reichst in alle Abgründe,
du baust alles auf und bindest es aneinander.

Durch dich ziehen und regnen die Wolken,
schwingt ihre Flügel die Luft.
Durch dich hält noch Wasser
der härteste Stein,
wird die kleinste Quelle zum Bach,
sprießt überall aus der Erde
das frische Grün.

Du führst auch den Geist,
der deine Heillehre versteht,
in die Weite.
Du hauchst ihm Weisheit ein
und mit ihr die Freude.

ÜBER DIE «DISKRETION»

Die Lichter am Firmament sollen den Geschöpfen die «Diskretion», das heißt, die Entscheidungskraft der Vernunft und die Trennung von Gut und Böse erleichtern, damit der Mensch seinen Tag und seine Nacht richtig einteilen und sein eigenes Tun und Lassen besser beurteilen kann.

Die Seele ist in ihrem Zusammenspiel mit dem Körper gewissermaßen auf «Diskretion» eingestellt. Sobald der Mensch «indiskret» ißt oder trinkt oder sich andere «Indiskretionen» gestattet, läuft er Gefahr, die seelischen Kräfte zu überanstrengen. Man sollte alles mit Maßen und Vernunft, also «diskret» tun – und dabei bedenken, daß wir nicht im Himmel leben.

Ich erblickte eine Gestalt, die wie ein Wolf aussah, der geduckt auf der Lauer saß und in alle Richtungen spähte, um alles, was er irgend zu erreichen vermochte, zu reißen und sich einzuverleiben.

Diese Gestalt sprach:

«Alles, was ich mir wünsche und was ich sehe, das möchte ich auch haben. Nach Bescheidenheit steht mir nicht der Sinn. Warum sollte ich enthaltsam sein, wenn ich davon doch keinen Gewinn habe? Warum nicht ausnutzen, was ich bin, was ich habe und was mir zusteht? Wenn ich genügsam leben und mich abrackern würde, was hätte ich dann von meinem Leben? Was ich an Lust gewinnen kann, das nehme ich auch wahr. Wenn mein Herz vor unbändiger Freude Sprünge machen will, soll ich es dann festbinden? Wenn meine Adern vor Wonne zu platzen scheinen, soll ich sie dann schröpfen? Wenn mir zum Reden zumute ist, warum sollte ich dann etwa schweigen? Es ist nun einmal so, daß jeder körperliche Reiz mir Lust verursacht, und wie ich bin, so bleibe ich. Oder sollte ich mich in ein anderes Wesen verwandeln als das, was ich bin? Es entwickelt sich doch jedes Geschöpf so, wie es

seiner natürlichen Anlage entspricht, und es handelt jeder Mensch so, wie er es für richtig hält. Genauso möchte ich es auch halten.»
Darauf entwortete die «Diskretion»:
«Du hinterhältiger Wolf, wie ein schmutziges Tier mißachtest du alles, was die Vernunft rät. Die Sterne erstrahlen im Licht des Mondes, der Mond im Feuer der Sonne, alles erweist sich als einem höheren Prinzip untergeordnet und überschreitet nicht sein Maß. Du hingegen nimmst keinerlei Rücksicht, weder auf Gott noch auf seine anderen Geschöpfe. Wie ein Grashalm im Wind verhältst du dich. Ich aber bewege mich auf den Bahnen der Sonne und des Mondes, und ich nehme Rücksicht auf alles, was Gott geschaffen und eingerichtet hat. Von seinem Werk überzeugt, handle und reife ich und zähle mich selbst zu ihm. So begreife ich Gottes geheimnisvolles Wirken und lerne es lieben. Ich leuchte davon wie die Strahlen der Sonne. Du aber verzettelst dich, wirst davon krank und den Würmern zum Fraß.»

Der Mensch, der nicht Maß zu halten vermag, wird später maßlose Reue empfinden. Wer sich seinem Körper gegenüber «indiskret» verhielt, wird krank werden, und wer sein Seelenheil auf diese Weise aufs Spiel setzt, wird unselig sterben. So ist die «Diskretion» für Leib und Seele und überhaupt das Maß aller Dinge.

Die Seele liebt das Angemessene. Wenn aber der Körper des Menschen ohne Maß ißt und trinkt oder etwa anderes maßlos tut, schwächt er die Kraft der Seele.
Darum soll sich ein jeder in allen Dingen das rechte Maß setzen.

DIE SORGE UM DIE ERDE
UND DAS BEQUEME LEBEN

Die Sorge um das Irdische spricht: «Welche Sorge könnte wichtiger sein als die Besorgnis um unsere Erde? Wie sollten ohne unsere Fürsorge Korn und Früchte gedeihen, die Weinrebe und alles andere, was für das Leben notwendig ist, was die Menschen nährt und ihnen wohlgefällt? Würde ich immer nur weinen oder seufzend an meine Brust schlagen oder immer nur in die Knie sinken, so hätte ich weder etwas zu essen noch etwas, um mich zu bekleiden, und ich müßte zugrunde gehen. Es wäre auch vergebens, den Himmel anzurufen und von Sonne, Mond und Sternen meinen Lebensunterhalt zu erbetteln. Darum will ich alles, wozu mein Denken und Handeln mir verhelfen kann, zu erreichen versuchen, damit ich auf dieser Erde mein Auskommen finde.»

Das Unverständnis spricht:
«Was soll das unentwegte Geschwätz über die unterschiedlichen Auffassungen von unserem Leben? Ich nehme mir das Recht zu behaupten, es sei alles so, wie ich es sage, und ich sage es nicht weich und vage, sondern klar und ohne Skrupel. Wäre die Erde von Regen und fettem Schlamm aufgeweicht und hätte keine Festigkeit, so würde sie nichts tragen können, und die Früchte würden nicht reif werden. Wäre die Erde nicht widerstandsfähig, würden die Wassermassen, die sich so oft über sie ergießen, den Boden gänzlich auflösen und wegschwemmen. Warum sollte ich mich in bestimmten Situationen auf einmal weich zeigen statt hart, da doch ein plötzlicher Regenguß die Erde auch nicht gleich zerfließen läßt. Es ist nun mal so, daß ich mich nicht gern schwach sehe, und daß ich nicht weinen kann, stört mich noch weniger. Sollen andere an ihrem Kummer zugrunde gehen, sich in Tränen auflösen. Alle Gnade, die Gott allen Menschen erweisen will, die erweist er doch auch mir. Warum sollte ich mich deshalb um seine Gunst besonders bemühen? Was hat es für einen Sinn, sich Gott nähern zu wollen,

wenn man diese Arbeit doch nicht zu Ende bringen kann? Also warum nach den Sternen greifen? Das würde niemandem nützen.»

Das einsichtige Herz antwortet:
«Was bildest du dir ein, du unverständiges Wesen, daß du die Stirn hast zu behaupten, du hättest es nicht nötig, dich in diesem Leben nach irgend jemandem zu richten und eine Arbeit nicht anfangen magst, die du nicht zu Ende bringen kannst, während alle Tiere zu Lande, zu Wasser und in der Luft ihre Arbeit leisten, um ihr Leben zu fristen, ohne zu wissen, warum und wie lange? Die Jungen erbetteln ihre Nahrung von ihren Müttern, und der Erdboden erwartet von der Luft, daß sie ihren Teil zum Grünen der Pflanzen beiträgt. Warum nennt sich Gott unser Vater, wenn nicht darum, damit seine Kinder ihn anrufen? Und daraus, daß er ihnen so viel Gutes erweist, erkennen sie, daß er wirklich ihr Vater ist. Warum also zeigst du dich ihm gegenüber derart gleichgültig?
Ich, das verständige Herz, labe mich am Tau seines Segens, aus der Tiefe meines schwachen Herzens lächle ich ihm zu, und unter

Tränen bitte ich ihn froh und zuversichtlich, er möge mir die Kraft schenken, die ich zu meinem Leben brauche. Du aber, der du dich nicht an ihn wenden magst, erhältst auch nichts von ihm.»

Du hast Augen im Kopf, damit du dich nach allen Seiten umschauen kannst. Entdeckst du irgendwo Schmutz, so wasche ihn ab. Siehst du etwas vertrocknen, so laß es wieder grün werden. Hättest du keine Augen, wäre dein Verhalten zu entschuldigen. Aber du hast ja welche. Warum also schaust du dich mit ihnen nicht um?

Ich hörte, wie mit wilder Stimme die Elemente der Welt riefen: «Wir können unsere Bahn nicht mehr ziehen, wie von unserem Herrn befohlen; denn die Menschen stören sie mit ihren schlechten Taten. Sie halten uns auf, sie kehren das Unterste zuoberst. Wir wissen nicht mehr ein noch aus, es stinkt uns alles, wir fühlen uns unrein, und wir vergehen vor Hunger nach Gerechtigkeit.»
Ihnen antwortete die Stimme Gottes: «Wie mit einem Besen werde ich euch reinigen und den Menschen solange Katastrophen schicken, bis sie Reue zeigen, Vernunft annehmen und sich mir wieder zuwenden. Ich sehe, daß die Winde voll Moder sind und die Luft so schmutzig ist, daß viele Kreaturen kaum noch atmen können. Das Grün welkt dahin, die Früchte der Erde sind vom Irrsinn der verblendeten Menschen verdorben. Nur ihren eigenen Vorteil erstreben sie, der Weltgestank scheint sie nicht anzufechten, und wenn man sie mahnt, fragen sie: ‹Wo ist denn Gott? Er läßt sich ja nie blicken.›
Ihnen antworte ich: ‹Seht ihr mich nicht Tag für Tag, Nacht für Nacht? Erlebt ihr mich nicht, wenn ihr sät und dann die Saat aufgeht

von meinem Regen getränkt? Und wer inspiriert wohl die weisen Bücher? Lest darin nach, wer alles geschaffen hat und weiterhin erhalten will.›»

Gib acht, daß du die Erde nicht überforderst und dadurch unbrauchbar machst, so daß die Pflanzen nicht grünen und ihre guten Kräfte sich nicht entfalten können. Aus dem gleichen Grund soll ein Mensch seinen Leib nicht durch allzu große Kasteiung peinigen, weil innerer Verdruß die Folge davon sein wird und aus diesem Verdruß wieder andere Unzuträglichkeiten entstehen – und dies alles nur, weil man seinem Körper nicht die notwendige Nahrung gegönnt hat.

So spricht die Feigheit:
«Ich achte darauf, keinem Leid zuzufügen, damit ich in der Not nicht selber ohne Trost und Hilfe dastehe. Würde ich etwas tun, was anderen schadet, so könnte man mir das heimzahlen. Dieser Gedanke nähme mir alle Lebensfreude. Da ist es besser, den Wohlhabenden und Einflußreichen zu schmeicheln. Wenn ich mich stets bemühe, anderen gefällig zu sein, kann mir das nur nützen. Ganz falsch wäre es, mit jemandem zu streiten; denn er würde sich doch als der Stärkere erweisen. Ich will in Frieden mit den Menschen leben. Was immer sie treiben mögen, es soll mich nicht bekümmern. Eine Lüge oder falsches Spiel kann viel klüger sein, als geradeheraus die Wahrheit zu sagen. Ebenso ist es besser, etwas zu behalten, als es herzugeben, und mit den Wölfen zu heulen, als sich gegen sie zu stellen. Ich bin froh, ein kleines Haus zu besitzen, und muß darauf achten, daß ich es durch Mutwillen nicht verliere. Wer nicht kämpft, der fällt wohl auch nicht.»

So antwortet die Stimme von Gottes Sieg:
«Was du da denkst und tust, ist erbärmlich und

dumm. Ich habe nicht Leben geschaffen, damit es feige in Sack und Asche geht und sich mit den Nichtigkeiten der Welt begnügt. Ich wünsche vielmehr, daß du dich zu dem sprudelnden Quell deines Selbst vorarbeitest. Sag: ‹Ich nehme den Kampf auf gegen die Schlange, gegen meine wohlgerüsteten Widersacher und vernichte sie mit meinem Wissen um das Geheimnis der heiligen Schriften. So wird mir Gottes Wahrheit immerdar zur Seite stehen.›»

Du grünstes Grün,
 das in der Sonne wurzelt
und strahlt in schönster Heiterkeit
im Kreislauf des Rades
und nichts weiß von der Herrlichkeit
alles Irdischen:
Von des Himmels geheimen Kräften erfaßt,
färbst du dich wie das Morgenlicht,
so flammend rot wie die Glut der Sonne.
Ganz umfangen bist du, o Grün, von Liebe.

VON DER NATUR DER ENGEL

Als Gott sprach, daß es Licht werden solle, entstand zuerst das geistige Licht. Das sind die Engel, und zwar sowohl die Engel, die Gott treu blieben wie jene, die in die tiefste, lichtlose Finsternis hinabstürzten, weil sie nicht anerkennen wollten, daß es von allem Anfang an und bis in alle Ewigkeit nur ein einziges wahres Licht gibt, nämlich das von Gott geschaffene; und weil sie vorhatten, etwas diesem Licht Gleichwertiges herzustellen, was freilich nicht sein konnte.

Dann ließ Gott ein anderes Wesen entstehen und gab ihm einen Körper. Das ist der Mensch. Ihn setzte Gott an die Stelle des verlorenen Engels, damit er im Auftrag dessen, der ihn erschuf, dies tue, was der andere verweigert hatte. Das körperliche Wirken der Menschen ist zwar auf das Geschehen in der Welt gerichtet, doch in ihrem Geiste dienen sie dabei ständig Gott. Das sollen sie bei all ihrem weltlichen Tun nicht vergessen.

Ich sah in der Höhe der himmlischen Geheimnisse zwei Scharen himmlischer Geister, die in herrlichem Glanz leuchteten. Die der ersten Schar hatten Federn auf der Brust und Menschengesichter wie von reinem Wasser. Die andere Schar hatte auch Federn auf der Brust und Menschenantlitze, in denen das Bild des Menschensohnes wie in einem Spiegel erstrahlte. Weder in diesen noch in jenen konnte ich verschiedene Formen unterscheiden. Diese Scharen umgaben fünf weitere kranzförmig. Die der ersten Schar von den fünfen hatten Menschenantlitze und standen von der Schulter abwärts in hellem Glanz. Die der zweiten Schar konnte ich wegen ihres hellen Lichtes nicht ansehen. Die der dritten erschienen wie weißer Marmor und hatten menschliche Häupter; über ihnen brannten Fackeln, und von der Schulter ab umgab sie eine eisenfarbene Wolke. Die der vierten hatten auch Menschenangesichter und Menschenfüße, trugen auf ihren Häuptern Helme und waren in marmorfarbene Gewänder gehüllt. Die schließlich in der fünften ließen keine Menschenform erkennen und schimmerten so rot wie die Morgenröte. Aber auch diese Scharen umgaben zwei weitere wie in einem Kranze. Die Gestalten der ersten schienen besetzt mit Augen und Federn und in jedem Auge ein Spiegel. In diesem erschien das Antlitz eines Menschen, und ihre Federn spannten sie zur Höhe hinauf. Die in der zweiten Schar brannten wie von Feuer, hatten zahlreiche Federn, in denen wie in einem Spiegel alle Ordnungen kirchlicher Einrichtungen abgezeichnet waren. Und alle diese Scharen kündeten in den Tönen aller Arten von Musikinstrumenten und in wunderbaren Stimmen die Wunderwerke, die Gott in den Seelen der Seligen schafft, durch welche sie Gott verherrlichen.

Die Treue der Engel zu Gott ist unerschütterlich, aber nicht die der Menschen zu ihrem Schöpfer. Deswegen versagen sie oft so sehr in ihrem Tun, während auf das Werk der Engel stets Verlaß ist.

Ihr Engel, ihr seid lebendiges Licht!
Im tiefsten Innern einer jeden Kreatur
zu Füßen Gottes blickt ihr
voll heißer Sehnsucht in Gottes Augen.
Nie könnt ihr davon genug bekommen.
Eure Engelnatur gewährt reine Freude,
da nie eine Untat von euch sie trübte,
wie sie vor Zeiten einmal begangen hat
einer von euch, der Engel, der fiel,
als er die Grenze überfliegen wollte,
die Gott vor seinem Innern errichtet hat.
Schrecklich stürzte er und zerschellte,
weil er dem Geschöpf aus Gottes Finger
mit List und Tücke zu dienen versprach.

Ihr aber, o Engel, Hüter der Völker,
deren Bild aus eurem Gesicht widerstrahlt;
ihr Erzengel, die ihr die Seelen
der Gerechten emporträgt...
Ihr seid dem Ewigen Herzen so nahe
wie niemand sonst
und seht im Antlitz Gottes,
wie das Herz seine Schöpferkraft ausatmet.

Die ihr in euren Herzen
immer wieder fragt:
«Was ist das?» und «Warum?» –
Hört und versteht mich, ihr Menschen!

O du weiser Gott, dessen Wirken
in allem gerecht ist und wahr:
Helfe dem Menschen,
der das von mir Geschriebene
liest oder hört.
Zeige ihm, daß diese Schrift
der Anfang zur Erlösung sein kann,
damit er nicht von der Zahl
derer ausgeschlossen sei,
die in dein Reich eingehen werden.

NACHWORT

Hildegard von Bingen, die erste deutsche Mystikerin, Naturforscherin und Heilkundige, wurde 1098 als zehntes Kind des Edelmanns Hildebert im rheinhessischen Bermersheim bei Alzey geboren und im nahen Kloster Disibodenberg von der Klausnerin Jutta von Spanheim erzogen. Mit 16 Jahren legte sie das Gelübde als Benediktinerin ab. 1136 wurde sie, nach Juttas Tod, zur Äbtissin des Klosters gewählt. Fünf Jahre später begannen jene mystischen Visionen und überirdischen Inspirationen aufzutreten, die ihr tiefe religiöse Offenbarungen und vielfältiges philosophisches, naturkundliches und psychologisches Wissen vermittelten.
Assistiert von dem Mönch Volmar und der Nonne Richardis von Stade legte Hildegard von ihren Erkenntnissen in fünf lateinisch verfaßten Schriften Zeugnis ab, von denen «Wisse die Wege» *(Scivias)*, eine umfassende spirituelle Welt- und Gottesschau, als ihr Hauptwerk gilt. Auf der Synode zu Trier

(1147/48) las Papst Eugen III. aus dem ersten Teil der Niederschrift vor und bestätigte die zuvor bereits von dem Kirchenlehrer Bernhard von Clairvaux erkannte Sehergabe der Nonne. 1150 übersiedelte Hildegard in das von ihr gegründete Kloster Rupertsberg bei Bingen und unternahm in den folgenden zwei Jahrzehnten Predigtreisen durch das Rhein-Maingebiet und nach Schwaben. In dieser Zeit verfaßte sie, immer wieder von schweren Krankheiten unterbrochen, die natur- und heilkundlichen Werke *Physica* und *Causae et curae*, das «Buch der Lebensverdienste» *(Liber vitae meritorum)* und das «Buch der Gottesverdienste» *(Liber divinorum operum)*; ferner ca. 70 geistliche Lieder. Um 1165 rief sie oberhalb von Rüdesheim das noch heute bestehende Kloster Eibingen ins Leben.

Mehr als 300 erhaltene Briefe dokumentieren Hildegards Korrespondenz mit kirchlichen und weltlichen Fürsten, Gelehrten und Klerikern. Die «deutsche Prophetin» interpretierte ihre Gesichte und Einsichten, erteilte Rat in medizinischen Fragen wie in Angelegenheiten der Klosterverwaltung und stellte dabei nicht nur ihr universales Wissen, sondern auch ihren Mut unter Beweis: So widersetzte sie sich erfolgreich der Mainzer Kirchenbehörde, die ihr das Abhalten öffentlicher Gottesdienste verboten hatte, weil sie auf dem Klosterfriedhof einen Exkommunizierten bestatten ließ, der durch ihre Überzeugungskraft zum rechten Glauben zurückgekehrt war.

Am 17. 9. 1179 starb die tatkräftige und weise «Gefährtin der Engel» im Kloster Rupertsberg. Sie wurde nie heiliggesprochen und gilt dennoch als heilig.

Ihre Werke sind in mehreren Handschriften überliefert, die zu den kostbarsten Schätzen der mystischen Literatur des Mittelalters gehören. Es liegen von ihnen ältere und neue deutsche Übersetzungen vor.

A. A.

INHALT

Die Stimme des «lebendigen Lichts»	5
Visionen und Gottesschau	10
Die Ausstattung der Erde	18
Gottesliebe – Menschenliebe	25
Gottes Weisheit – Menschenwissen	33
Hymnus auf den Heiligen Geist	42
Von der Zusammenarbeit zwischen Seele und Leib	44
Wie es um den Menschen steht	56
Der «gute Arzt» und das Heilwissen	59
Über die «Diskretion»	72
Die Sorge um die Erde und das bequeme Leben	76
Von der Natur der Engel	85
Nachwort	90

*In der Reihe «Weisheit der Welt»
sind bisher erschienen*

AESOP
Die Grille, der Löwe und die Wahrheit
Die schönsten Fabeln und ihre ewig jungen Lehren

Auf dem Weg zu sich selbst
Das Erlebnis der Meditation in Texten großer Meister aus
Ost und West

AUGUSTINUS
Bekenntnisse
Gedanken und Erfahrungen des großen Gottsuchers

MARK AUREL
Leben nach rechtem Maß
Selbstbetrachtungen des Weisen auf dem römischen Kaiserthron

HILDEGARD VON BINGEN
Mit dem Herzen sehen
Mystische Erfahrungen und visionäre Gedanken

GAUTAMA BUDDHA
Worte des Erwachten
Der Pfad der Vervollkommnung

WILHELM BUSCH
Kritik des Herzens
Nachdenkliche Betrachtungen des heiteren Philosophen
über Schein und Sein

Worte weiser Frauen
Erkenntnisse, Visionen und spirituelle Erfahrungen aus Ost und West

Der Gesang des Donnervogels
Lebendige Weisheit der Indianer

Baltasar Gracián
Die Kunst der Weltklugheit
Über den Kampf des Menschen gegen die Unvernunft

Adolph Freiherr von Knigge
Das Streben nach Vollkommenheit
Goldene Regeln über den Umgang mit Menschen

Konfuzius
Der gute Weg
Worte des großen chinesischen Weisheitslehrers

Georg Christoph Lichtenberg
Wie glücklich könnte man leben …
Die bitteren und heiteren Welterkenntnisse
des großen deutschen Aphoristikers

In ein Meer sät man kein Wasser
Lebensweisheiten der afrikanischen Naturvölker

Den Mond kann man nicht stehlen
Beispielhafte Zen-Geschichten aus tausend Jahren

Christian Morgenstern
Die stillen Dinge
Die Lebensweisheiten des Dichters in Gedichten und Gedanken

Die Mütze weint dem Kopf nicht nach
Russische Sprichwörter und Lebenserkenntnisse

Weise Narren – närrische Weise
Verrückte Weisheiten von Denkern und Querdenkern aus Ost und West

FRIEDRICH NIETZSCHE
Allzumenschliches
Einsichten und Erfahrungen des großen Philosophen

PASCAL
Wissen des Herzens
Gedanken und Erfahrungen des großen abendländischen Philosophen

Benutze die Liebe als Pfad
Die Weisheit der großen Philosophen des Tao

SAADI VON SCHIRAS
Aus dem Rosengarten
Die schönsten Lebensgeschichten des großen persischen Dichters

SENECA
Von wahrer Lebenskunst
Anleitungen zu Bescheidenheit im Glück und zur Kraft im Unglück

SHANKARA
Das Kleinod der Unterscheidung
Ein Juwel indischer Weisheitsliteratur

VOLTAIRE
Schule der Toleranz
Zeitgemäße Aphorismen und zeitlose Erkenntnisse
des großen Philosophen